Elisabeth Nauderer

# Schreiben lernen Schritt für Schritt, viele Tiere helfen mit

## Vereinfachte Ausgangsschrift

## 1./2. Jahrgangsstufe

**Liebe Kolleginnen und Kollegen!**

Der vorliegende Lehrgang ist ein kindgerechter Lehrgang für die Vereinfachte Ausgangsschrift (VA) und wird schwerpunktmäßig in der 2. Jahrgangsstufe durchgeführt. Die Einführung orientiert sich am Leistungsstand der Kinder.

Die VA entwickelt sich aus folgenden Formelementen:

flache Welle liegend ⌒    flache Welle stehend ∫ ∫

Girlande ⊔⊔    Arkade ⋀⋀

Ecke ∕∕    Schleife

Oval geschlossen ◯    Oval offen ⊂

Die Großbuchstaben sind den Druckbuchstaben sehr ähnlich. Auf Wellenlinien und Schnörkel wird verzichtet. Großbuchstaben mit Verbindungsstrich enden an der Mittellinie. Die kleinen Buchstaben haben keinen Aufstrich und enden alle an der Mittellinie. So kann der nächste Buchstabe problemlos angeschlossen werden.
Der Buchstabe ‌s beginnt mit einem kurzen Aufstrich und bekommt im Wortinneren eine Schleife (‌ſ).
Das ß bekommt ebenfalls im Wortinneren eine Schleife (ſ).
Da beim Schreiben der VA wenige Richtungswechsel erforderlich sind, sollen die Kinder auf kürzerem Wege zu einer zügigen, rhythmischen Handschrift gelangen.

Das **Arbeitsheft mit Übungsblättern** dient zur **Einführung** der Buchstaben und ihrer Verbindungen.
Ansprechende **Tier- und Situationsbilder** sollen die Schreibfreude der Kinder wecken und erhalten.
**Gezielte Schwungübungen und Formelemente** führen rasch zu den Buchstabenformen der VA. Aus ihren Verbindungen werden so schnell wie möglich **Wörter aus dem Grundwortschatz der 1. und 2. Jahrgangsstufe** entwickelt. Ausnahmen bilden einige Tiernamen und Wörter, die der Bewegung dienlich sind. Ein **Lernerfolg** ist somit schon auf den ersten Seiten zu verzeichnen.

Die Bewegungsabläufe sind motorisch angemessen und führen **von der Grob- zur Feinmotorik.**
Schwungübungen und Buchstaben sind oft und großformatig einzuüben, z. B. mit dem Finger in der Luft, im Sand, an der Wandtafel (auch mit Kreiden), mit wechselnden Schreibgeräten auf Tapetenrollen und anderen Papiersorten, evtl. auf Schülertafeln.
In einer Unterrichtseinheit sollte nur **ein neuer Buchstabe** eingeführt werden, wobei das Schriftbild und die Lineatur zunehmend kleiner werden. Stifte sind dementsprechend in verschiedenen Stärken zu verwenden. So werden die Kinder vorsichtig an die empfohlene Lineatur herangeführt.
Bei schwierigen Formen und Verbindungen sind mehrere Unterrichtseinheiten notwendig.
Jedes Kind hat auf dem Blatt die Möglichkeit zum **mehrmaligen Nachspuren** und kann Bewegungsrichtung und Größenverhältnis leichter erkennen. Dabei lernt es auch Zwischenräume, Striche und Luftsprünge zu beachten.
Die Wahl der **Farben** fördert das gestalterische Empfinden.
**Rhythmische Verse** begleiten die grobmotorische Bewegung.
Das Einprägen der richtigen Schreibweise wird erleichtert, indem der **einzuführende Buchstabe groß und deutlich** hervorgehoben und der günstigste Bewegungsablauf durch Pfeile gekennzeichnet wird.

Das **Schülerheft DIN A5** mit Lineatur 1 und 2 dient der **Festigung** der Buchstaben und der daraus abgeleiteten Wörter sowie der Schreibgeläufigkeit und dem selbstständigen Arbeiten. Es werden viele **Grundwortschatzwörter** geübt und nach Möglichkeit **Rechtschreibstrategien** mit einbezogen.

Die freien Lineaturseiten können für individuelle Übungen verwendet werden.

Viel Spaß und Erfolg beim Schreibenlernen!

Die Autorin

**2. Auflage**

2  ¹⁰ 9 8 7 6  | 26 25 24 23 22

© Ernst Klett Verlag GmbH, Stuttgart 2012. Alle Rechte vorbehalten. www.klett.de
Programmbereich Klett-Auer

**Autorin**: Elisabeth Nauderer, Olching

**Herstellung**: Dominik Staudacher

**Illustrationen**: Hendrik Kranenberg, Drolshagen
**Satz**: krauß-verlagsservice, Augsburg
**Druck**: AZ Druck und Datentechnik GmbH, Kempen/Allgäu

Printed in Germany
ISBN 978-3-12-006677-4

9 783120 066774

U | u

u | u

i

v

 Klett

© Ernst Klett Verlag GmbH, Stuttgart 2012 | www.klett.de | Alle Rechte vorbehalten
**Seite aus:** Schreiben lernen Schritt für Schritt, viele Tiere helfen mit
ISBN 978-3-12-006677-4

**Autorin:** Elisabeth Nauderer
**Illustrationen:** Hendrik Kranenberg

Eins und zwei,
drei und vier,
kennst du dieses
Zackentier?

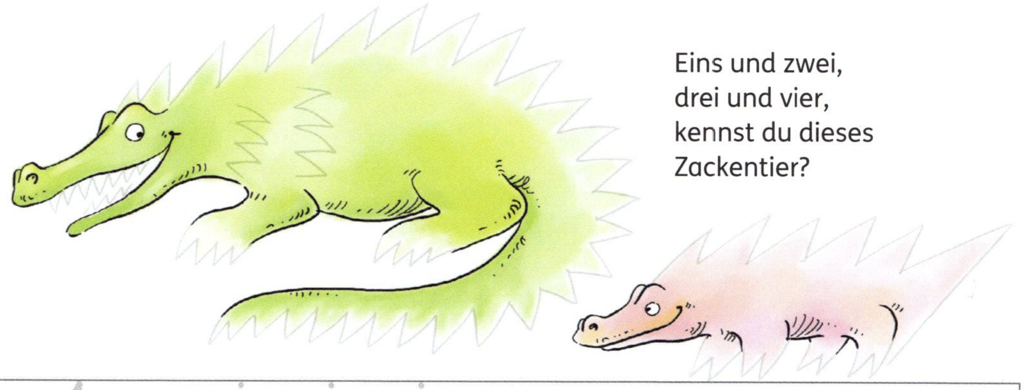

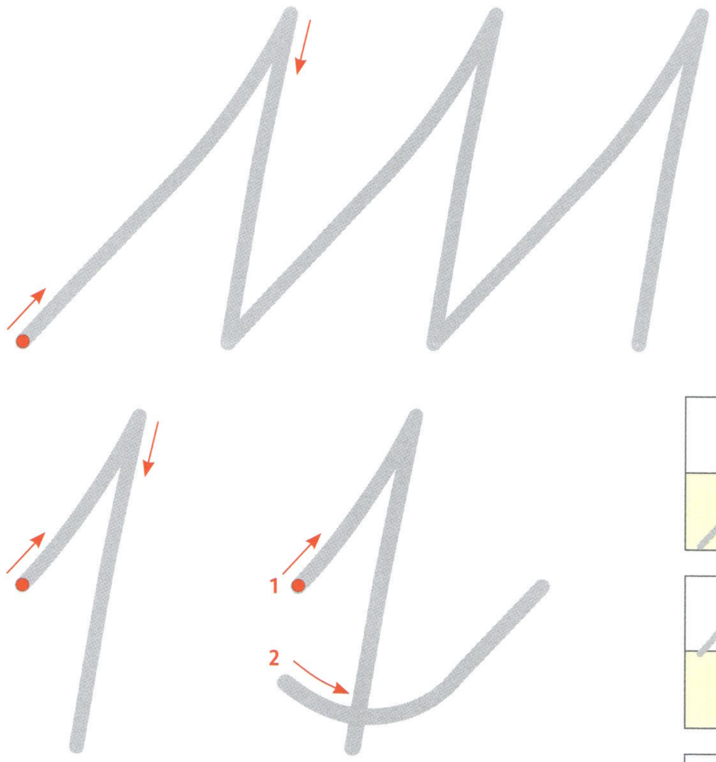

t

**Seite aus:** Schreiben lernen Schritt für Schritt, viele Tiere helfen mit
ISBN 978-3-12-006677-4

**Autorin:** Elisabeth Nauderer
**Illustrationen:** Hendrik Kranenberg

Hopp, hopp, hopp,
Pferdchen lauf Galopp!

© Ernst Klett Verlag GmbH, Stuttgart 2012 | www.klett.de | Alle Rechte vorbehalten
**Seite aus:** Schreiben lernen Schritt für Schritt, viele Tiere helfen mit
ISBN 978-3-12-006677-4

**Autorin:** Elisabeth Nauderer
**Illustrationen:** Hendrik Kranenberg

Der Otter lebt vom Fisch,
verzehrt ihn auch ganz frisch.

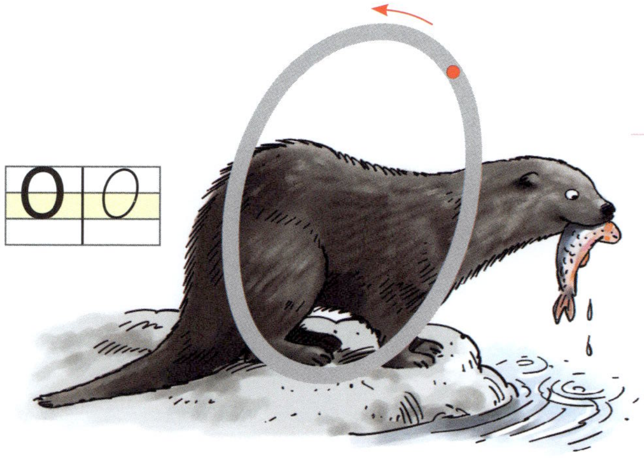

Halli, hallo,
ich bin das kleine o!

**Autorin:** Elisabeth Nauderer
**Illustrationen:** Hendrik Kranenberg

a – a – a
Der Hase ist da!

a

am

am

man

miau

du

dann

udo

Da, dann, dudel,
du bist doch der Pudel!

und

© Ernst Klett Verlag GmbH, Stuttgart 2012 | www.klett.de | Alle Rechte vorbehalten
Seite aus: Schreiben lernen Schritt für Schritt, viele Tiere helfen mit
ISBN 978-3-12-006677-4

Autorin: Elisabeth Nauderer
Illustrationen: Hendrik Kranenberg

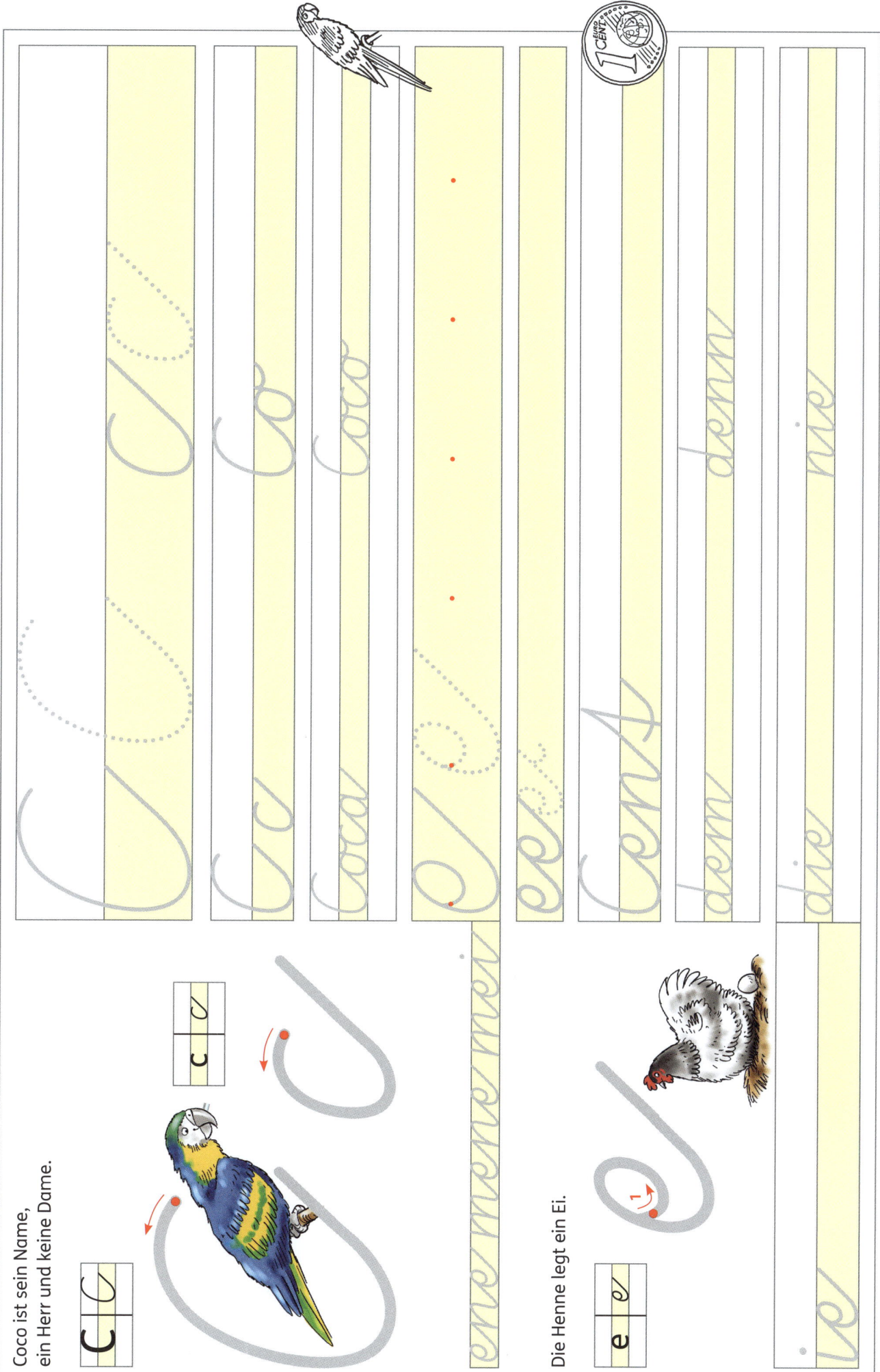

Coco ist sein Name,
ein Herr und keine Dame.

Die Henne legt ein Ei.

© Ernst Klett Verlag GmbH, Stuttgart 2012 | www.klett.de | Alle Rechte vorbehalten
**Seite aus:** Schreiben lernen Schritt für Schritt, viele Tiere helfen mit
ISBN 978-3-12-006677-4

**Autorin:** Elisabeth Nauderer
**Illustrationen:** Hendrik Kranenberg

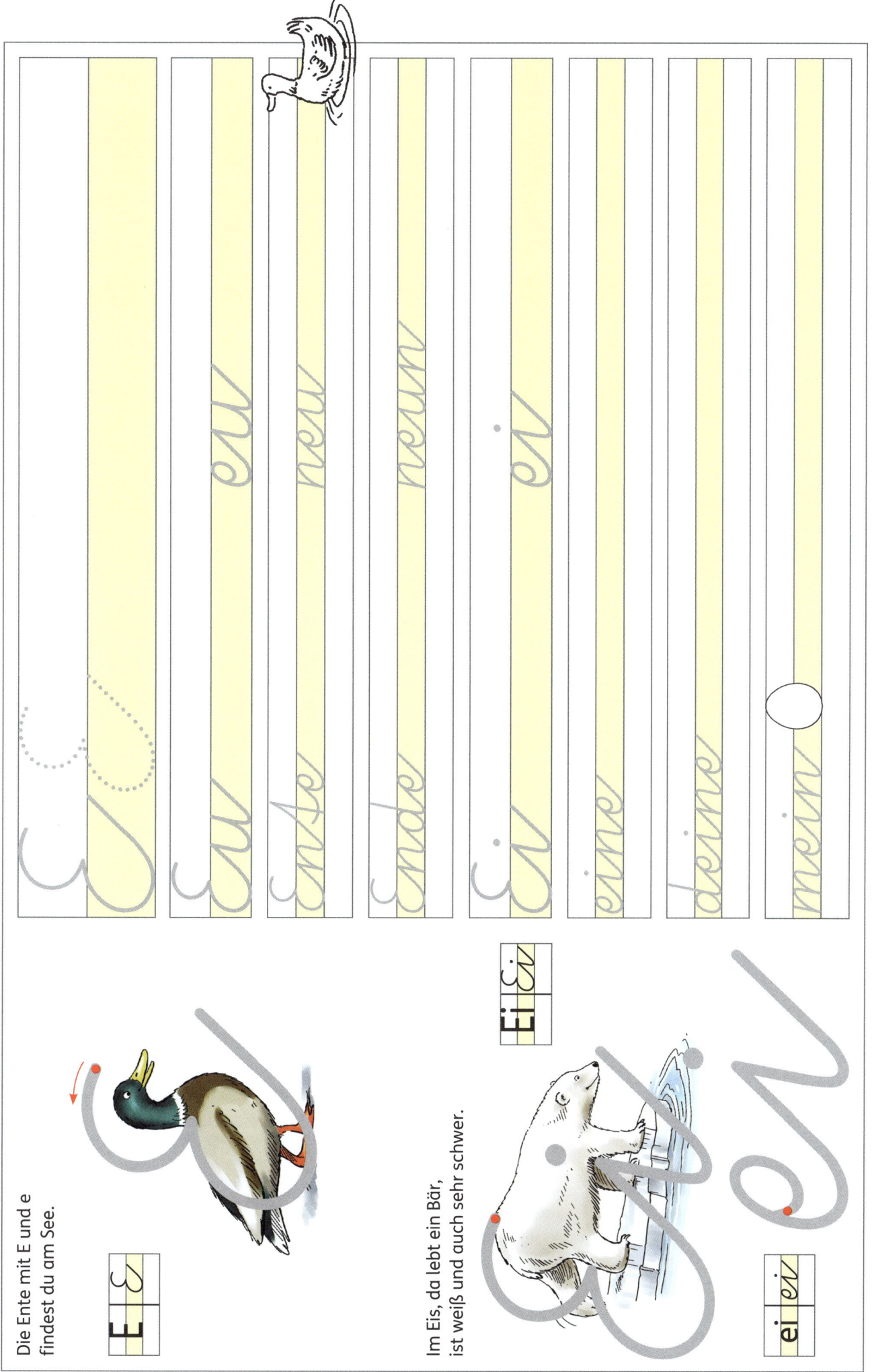

Die Ente mit E und e
findest du am See.

Im Eis, da lebt ein Bär,
ist weiß und auch sehr schwer.

**Seite aus:** Schreiben lernen Schritt für Schritt, viele Tiere helfen mit
ISBN 978-3-12-006677-4

**Autorin:** Elisabeth Nauderer
**Illustrationen:** Hendrik Kranenberg

Wir schlingen in der Schule.

Autorin: Elisabeth Nauderer
Illustrationen: Hendrik Kranenberg

Die Krabbe dort im Watt
ist vom Krabbeln schon ganz matt.

Krabbe oder Biber,
bei wem bist du lieber?

bin
bei
bal
biss
lieb
leben
ben

**Seite aus:** Schreiben lernen Schritt für Schritt, viele Tiere helfen mit
ISBN 978-3-12-006677-4

**Autorin:** Elisabeth Nauderer
**Illustrationen:** Hendrik Kranenberg

## Das kann ich schon!

**1.** Schreibe den passenden Schreibschriftbuchstaben dazu.

| U | n | o | m | t | d | e | l |

| u | O | a | c | C | E | b | i |

**2.** Schreibe die Wörter in Schreibschrift.

| um | im | und | dann |

**3.** Schreibe das passende Wort in Schreibschrift.

**4.** Setze das passende Wort in Schreibschrift ein.

Emma _____ mit ihrem Hund im Garten.

Papagei Coco _____ Sonnenblumenkerne.

Unser Hund _____ laut.

Ben _____ ein Bild von seinem Aquarium.

| tobt |
| bellt |
| liebt |
| malt |

© Ernst Klett Verlag GmbH, Stuttgart 2012 | www.klett.de | Alle Rechte vorbehalten
Seite aus: Schreiben lernen Schritt für Schritt, viele Tiere helfen mit
ISBN 978-3-12-006677-4
Autorin: Elisabeth Nauderer
Illustrationen: Hendrik Kranenberg

Der Tiger ist ein schönes Tier,
hat scharfe Krallen, glaub es mir!

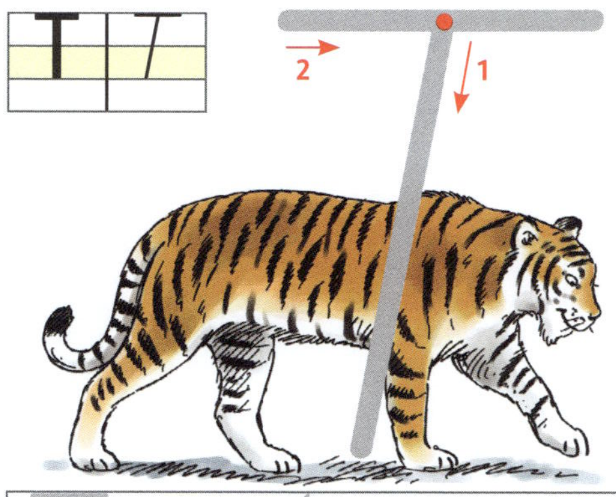

Der Fuchs, der ist sehr schlau,
versteckt sich gern in seinem Bau.

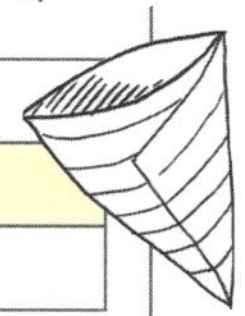

© Ernst Klett Verlag GmbH, Stuttgart 2012 | www.klett.de | Alle Rechte vorbehalten
Seite aus: Schreiben lernen Schritt für Schritt, viele Tiere helfen mit
ISBN 978-3-12-006677-4

Autorin: Elisabeth Nauderer
Illustrationen: Hendrik Kranenberg

Der Hund bewacht das Haus, treibt alle Räuber raus.

H

Hund

Henna

Hand

Himmel

Saurier wie Dino siehst du auch im Kino.

D

Dodo

Damm

Da ... ein Dino.

Seite aus: Schreiben lernen Schritt für Schritt, viele Tiere helfen mit
ISBN 978-3-12-006677-4

Autorin: Elisabeth Nauderer
Illustrationen: Hendrik Kranenberg

Alle vier üben am Klavier.

V | v

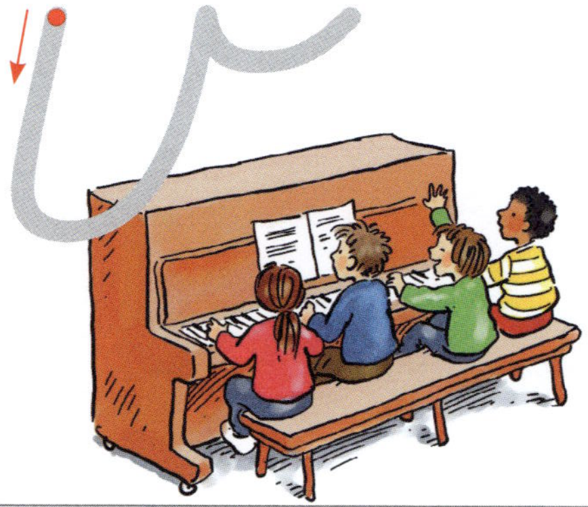

V v

v v viel

von voll

Evi übt viel.

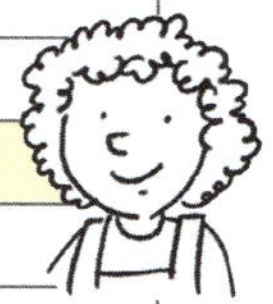

Wie ein Kahn
schwimmt der Schwan.

W | w

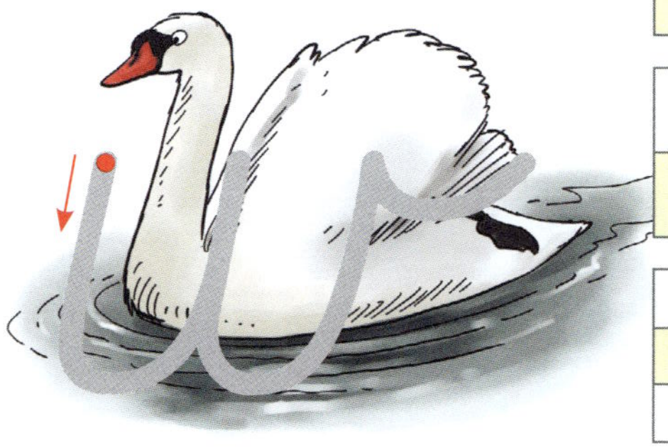

W w

w w wie

weil weiß

wen wann wo


**Seite aus:** Schreiben lernen Schritt für Schritt, viele Tiere helfen mit
ISBN 978-3-12-006677-4
**Autorin:** Elisabeth Nauderer
**Illustrationen:** Hendrik Kranenberg

Wer hüpft
mit mir
Seil?

fi-fe-fei
Du bist frei!

© Ernst Klett Verlag GmbH, Stuttgart 2012 | www.klett.de | Alle Rechte vorbehalten
**Seite aus:** Schreiben lernen Schritt für Schritt, viele Tiere helfen mit
ISBN 978-3-12-006677-4

**Autorin:** Elisabeth Nauderer
**Illustrationen:** Hendrik Kranenberg

hihi - hoho

Wo ist der Floh?

Fröschlein horch!
Es klappert hier
der Storch.

**Autorin:** Elisabeth Nauderer
**Illustrationen:** Hendrik Kranenberg

kl klein

kl krall

kann

dunkel

kommen

Lauert der Krake
nicht auf die Schnake?

| k | kl |

ck ck Ecke

ck Decke

Decke Dackel

sicken

Schneck, Schneck,
komm aus
dem Versteck!

| ck | ck |

Autorin: Elisabeth Nauderer
Illustrationen: Hendrik Kranenberg

Klett

Kamele sind nicht Rinder,
das wissen alle Kinder.

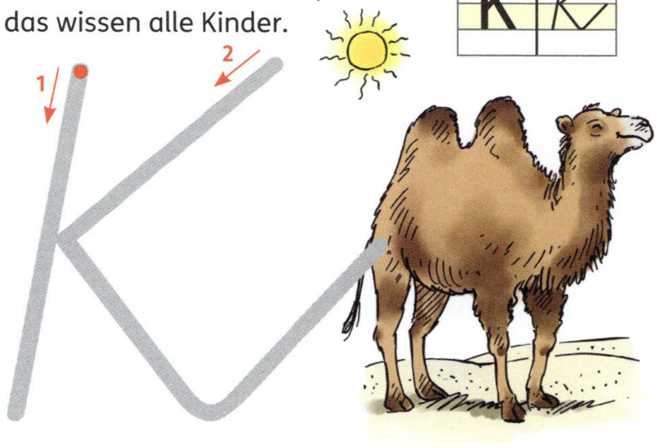

K | 𝒦

𝒦 𝒦

𝒦 Kuh

Kamel

Kind Kleid

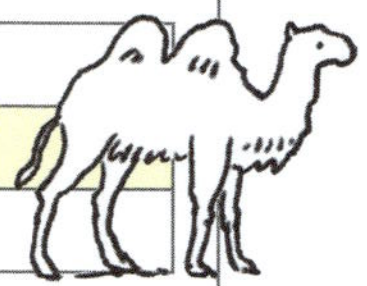

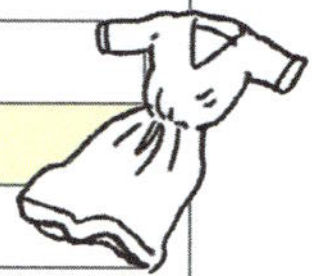

Das scheue Reh
tut keinem weh.

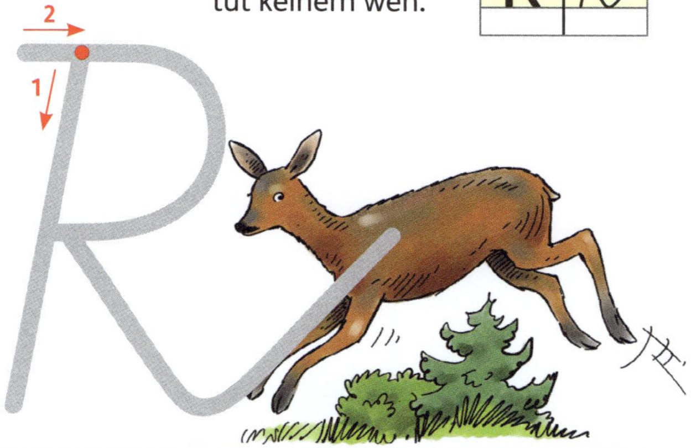

R | ℛ

ℛ ℛ

ℛ Reh

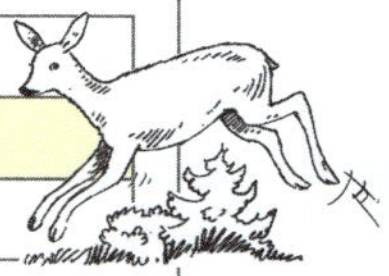

Ruhe ℛ...

Rock Röcke


**Seite aus:** Schreiben lernen Schritt für Schritt, viele Tiere helfen mit
ISBN 978-3-12-006677-4
**Autorin:** Elisabeth Nauderer
**Illustrationen:** Hendrik Kranenberg

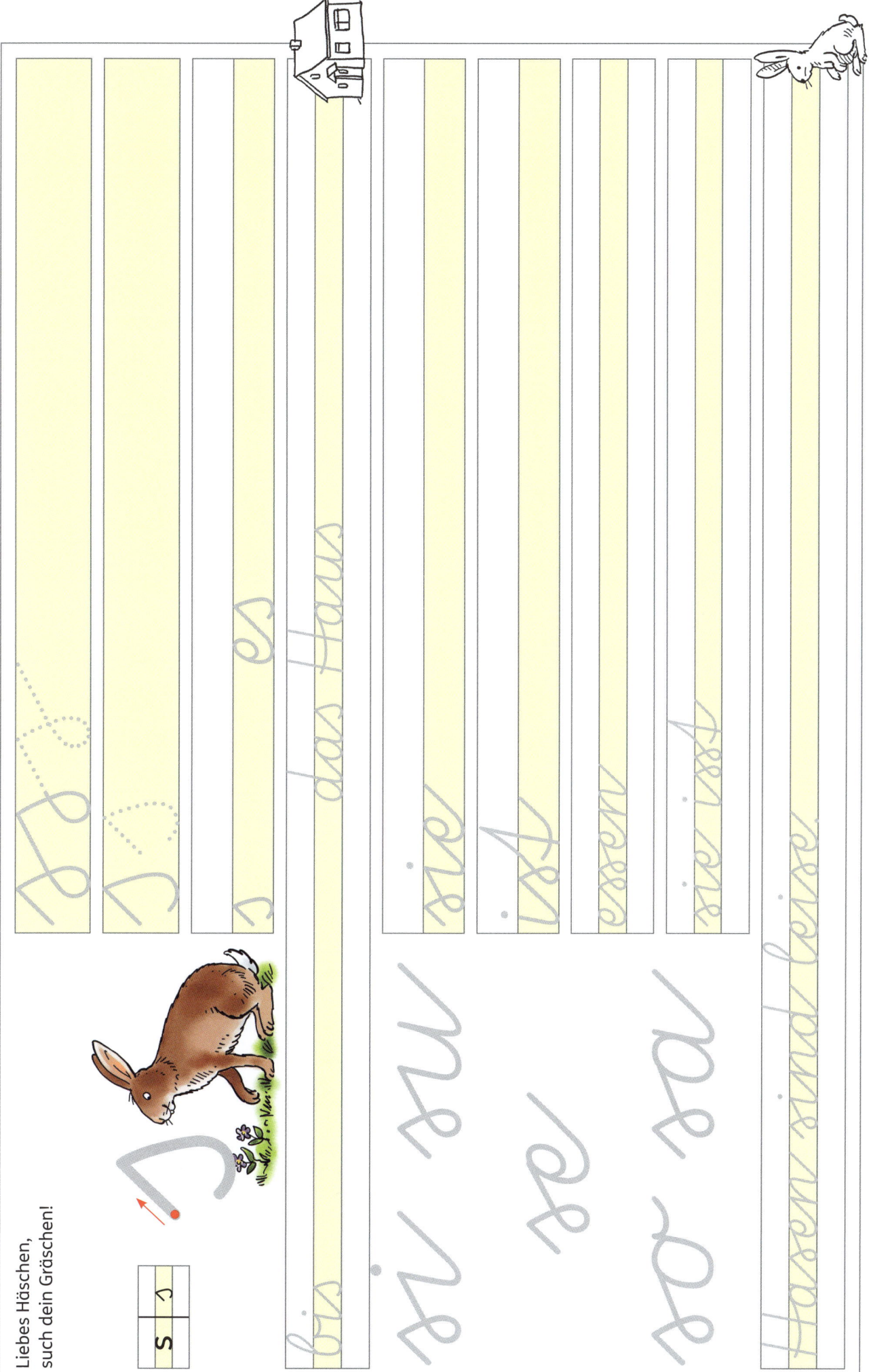

Liebes Häschen,
such dein Gräschen!

© Ernst Klett Verlag GmbH, Stuttgart 2012 | www.klett.de | Alle Rechte vorbehalten
Seite aus: Schreiben lernen Schritt für Schritt, viele Tiere helfen mit
ISBN 978-3-12-006677-4

Autorin: Elisabeth Nauderer
Illustrationen: Hendrik Kranenberg

Zisch, zisch,
schnell schwimmt der Fisch.

**sch** *sch*

schön

sch

schnell

Fische schlafen!

Springt oben der Lachs,
freut sich unten der Dachs.

**chs** *chs*

Fuchs

chs

sechs

Dachse auch.

Klett

© Ernst Klett Verlag GmbH, Stuttgart 2012 | www.klett.de | Alle Rechte vorbehalten
**Seite aus:** Schreiben lernen Schritt für Schritt, viele Tiere helfen mit
ISBN 978-3-12-006677-4

**Autorin:** Elisabeth Nauderer
**Illustrationen:** Hendrik Kranenberg

39

## Das kann ich schon!

**1.** Schreibe die Wörter in Schreibschrift.

| Dackel | Kuh | schnell | lila |
| --- | --- | --- | --- |
| | | | |

| Fuchs | Kuckuck | sechs | klein |
| --- | --- | --- | --- |
| | | | |

**2.** Schreibe die Wörter in Schreibschrift.

| | | | |
| --- | --- | --- | --- |
| | | | |

**3.** Schreibe die Sätze in Schreibschrift.

Tom   wünscht   sich   einen   Hund.

Es   schwimmen   sechs   Enten   im   Teich.

Elefanten   haben   einen   langen   Rüssel.

**Autorin:** Elisabeth Nauderer
**Illustrationen:** Hendrik Kranenberg

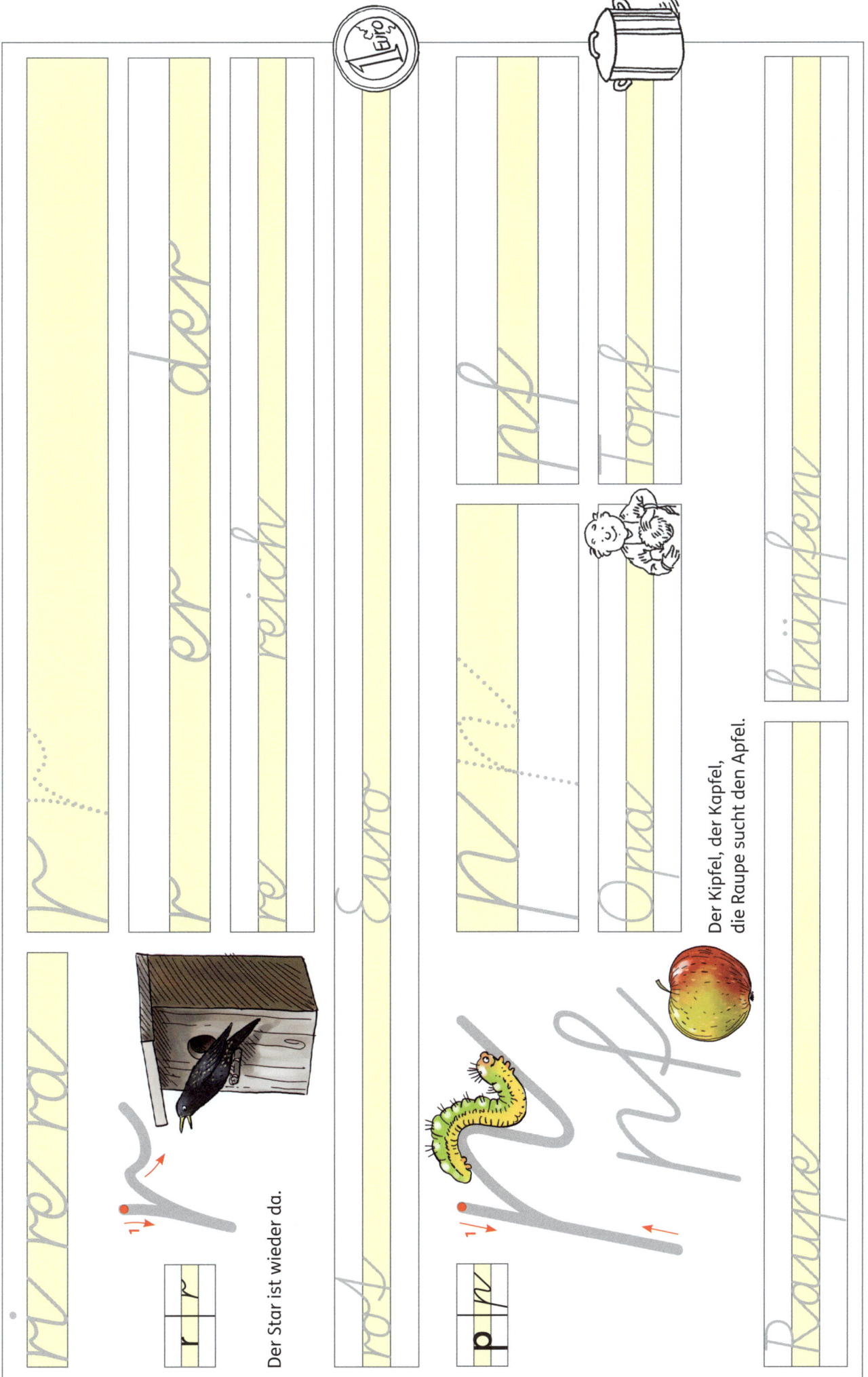

Der Star ist wieder da.

Der Kipfel, der Kapfel,
die Raupe sucht den Apfel.

© Ernst Klett Verlag GmbH, Stuttgart 2012 | www.klett.de | Alle Rechte vorbehalten
Seite aus: Schreiben lernen Schritt für Schritt, viele Tiere helfen mit
ISBN 978-3-12-006677-4
Autorin: Elisabeth Nauderer
Illustrationen: Hendrik Kranenberg

Klett

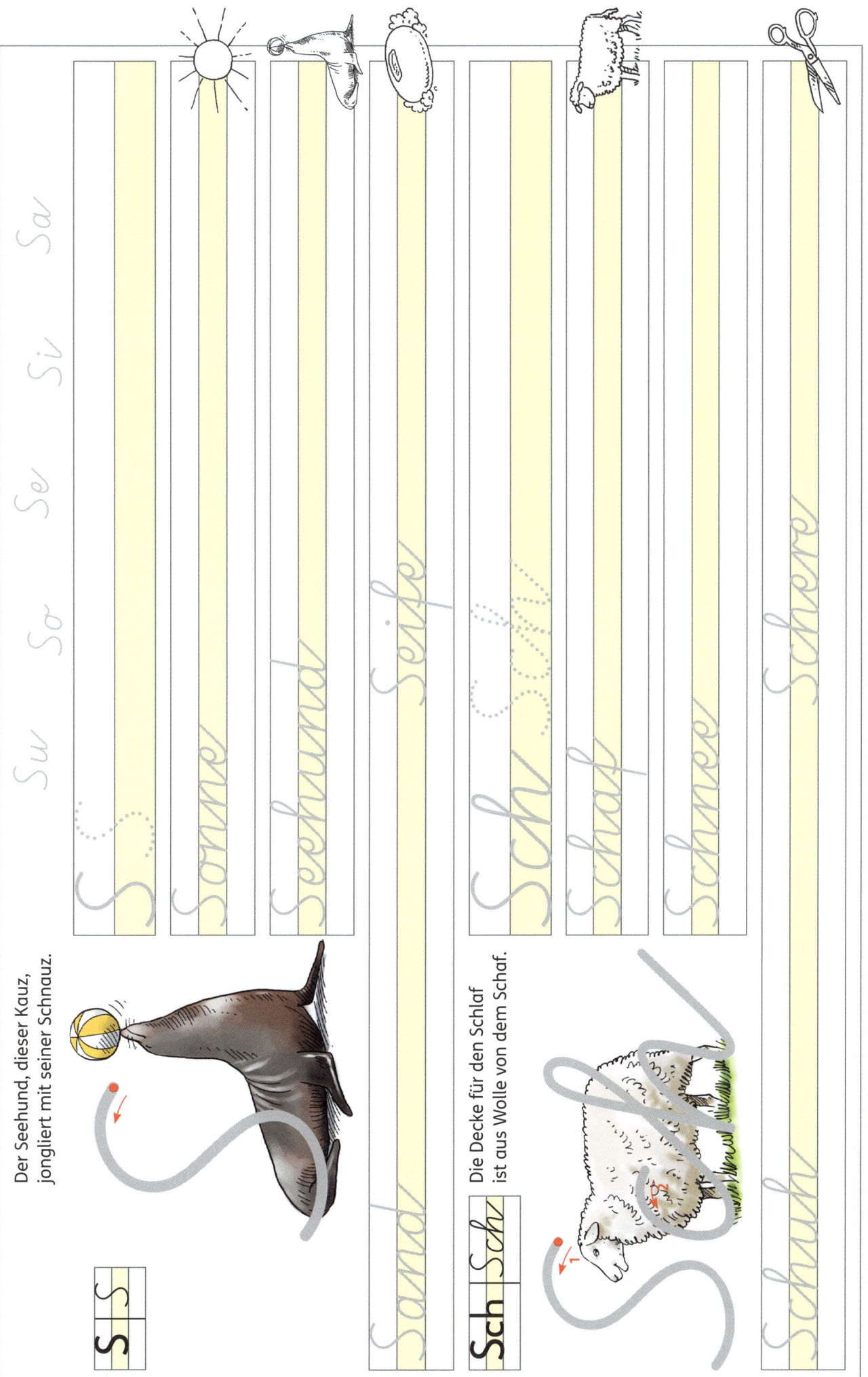

Su So Se Si Sa

Sonne

Seehund

Seife

Sand

S | S

Der Seehund, dieser Kauz, jongliert mit seiner Schnauz.

Sch

Schaf

Schnee

Schere

Schuh

Sch | Sch

Die Decke für den Schlaf ist aus Wolle von dem Schaf.

**Seite aus:** Schreiben lernen Schritt für Schritt, viele Tiere helfen mit
ISBN 978-3-12-006677-4

**Autorin:** Elisabeth Nauderer
**Illustrationen:** Hendrik Kranenberg

St St

Horch, horch,
ich hör den Storch!

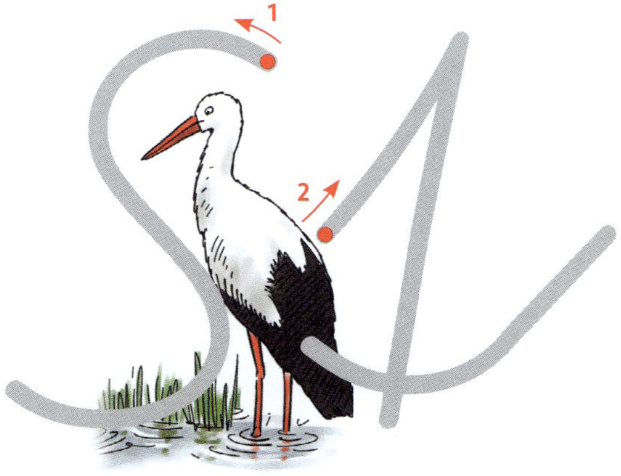


St St

Stirn Stift

Stunde

Storch Strauch

st st

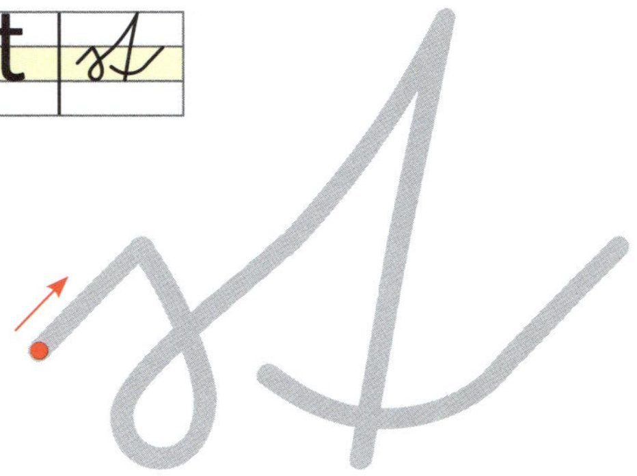

st st

stellen

stellt

stehen steht


**Seite aus:** Schreiben lernen Schritt für Schritt, viele Tiere helfen mit
ISBN 978-3-12-006677-4
**Autorin:** Elisabeth Nauderer
**Illustrationen:** Hendrik Kranenberg

Pp

Papier

Pass

Pferd

Papa

Pommes

Dem Pinguin schwarz-weiß
ist es schnell zu heiß.

P | P

Bb

Buch

Blatt

Brief

Bär

Baum

Der braune Bär
ist ganz schön schwer.

B | B

**Seite aus:** Schreiben lernen Schritt für Schritt, viele Tiere helfen mit
ISBN 978-3-12-006677-4

**Autorin:** Elisabeth Nauderer
**Illustrationen:** Hendrik Kranenberg

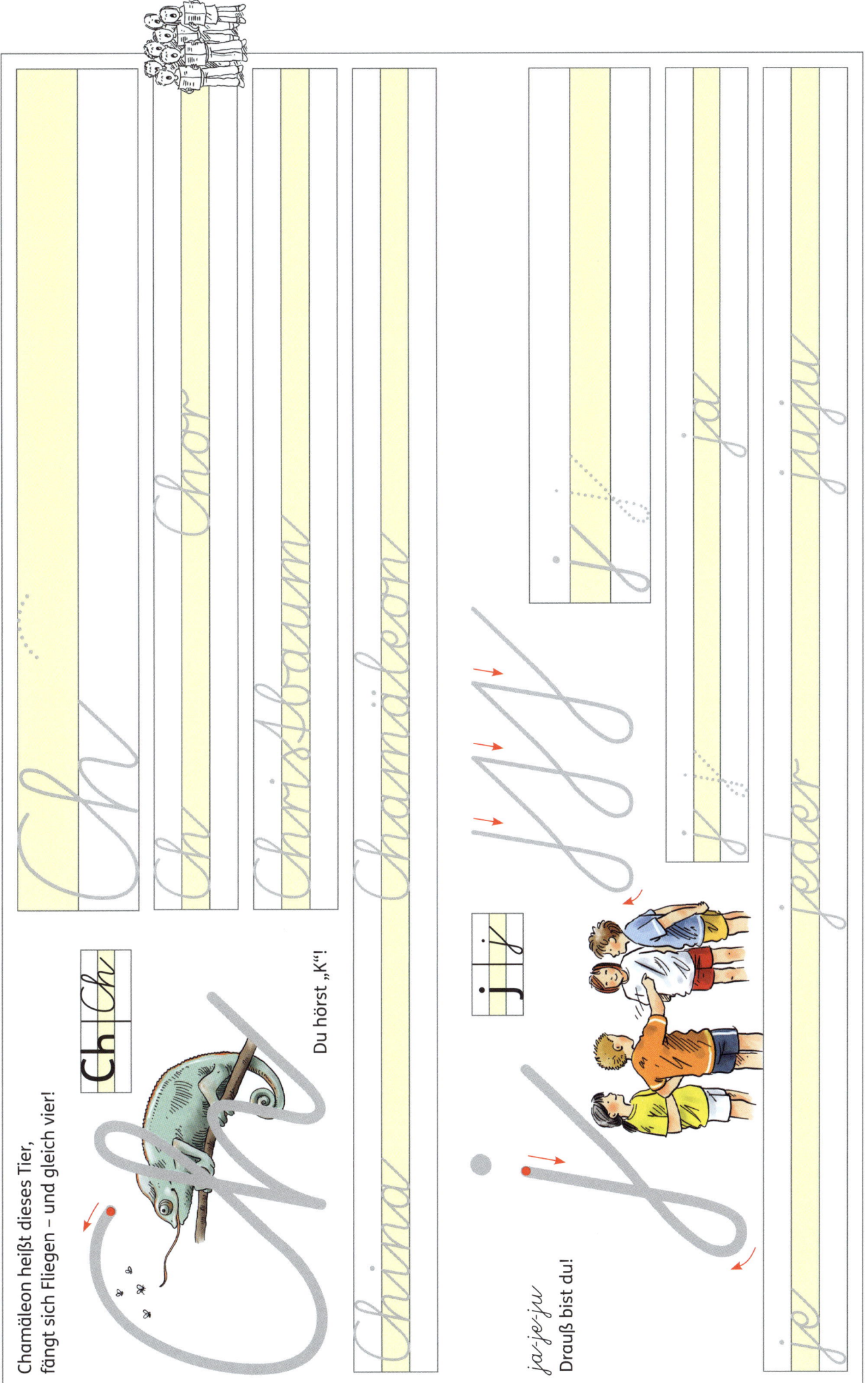

Chamäleon heißt dieses Tier,
fängt sich Fliegen – und gleich vier!

Ch | Ch

Du hörst „K"!

Chor

Christbaum

Chamäleon

China

ja-je-ju
Drauß bist du!

jeder

ja

jaja

Autorin: Elisabeth Nauderer
Illustrationen: Hendrik Kranenberg

Klett

Auf dem Rücken der Giraffe turnt ein kleiner Affe.

G g

Ge Ge Ga Ga

Gold garten

giraffe

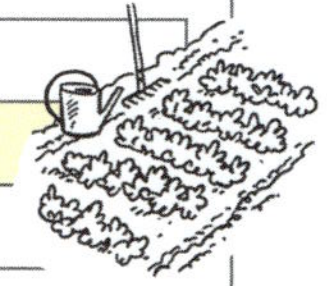

Ziege meck, meck, meck, nimm deine Hörner weg!

g g

gut Geige Geige

gel gelb gelb

singen

ng ng

© Ernst Klett Verlag GmbH, Stuttgart 2012 | www.klett.de | Alle Rechte vorbehalten
Seite aus: Schreiben lernen Schritt für Schritt, viele Tiere helfen mit
ISBN 978-3-12-006677-4
Autorin: Elisabeth Nauderer
Illustrationen: Hendrik Kranenberg

Der Igel, der Igel,
schaut gern in den Spiegel.

Im Januar, im Januar,
jagt der junge Jaguar.

Autorin: Elisabeth Nauderer
Illustrationen: Hendrik Kranenberg

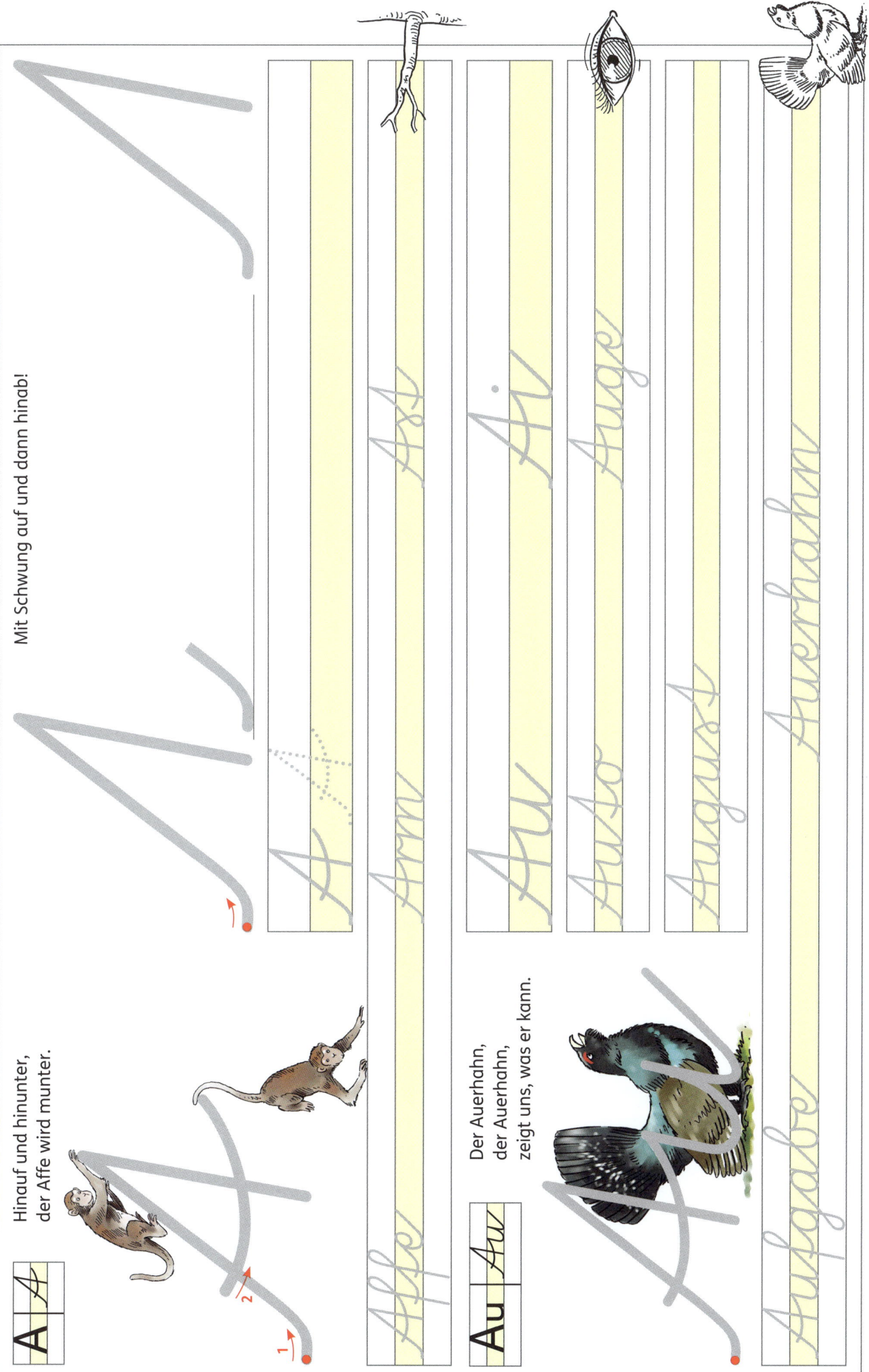

Mit Schwung auf und dann hinab!

**A**

Hinauf und hinunter, der Affe wird munter.

Arm

Ast

Ai

Au

Auge

August

Auerhahn

Affe

**Au**

Der Auerhahn,
der Auerhahn,
zeigt uns, was er kann.

Auto

Aufgabe

**Seite aus:** Schreiben lernen Schritt für Schritt, viele Tiere helfen mit
ISBN 978-3-12-006677-4

**Autorin:** Elisabeth Nauderer
**Illustrationen:** Hendrik Kranenberg

**M**

Die *Mi-Ma-Maus*
wohnt im Hi-Ha-Haus.

*Mi – Ma – Maus*

*Maus*

*Mama*

*Muster*

*Mund*

*Murmeltier*

*Mann*

*Monat*

*Mai*

**Autorin:** Elisabeth Nauderer
**Illustrationen:** Hendrik Kranenberg

N N

Oben, unten, vorn,
wo ist denn das Horn?

Nase
Nashorn
Nebel
Nächte
Nilpferd

Name
Nachs
Nil
November

Seite aus: Schreiben lernen Schritt für Schritt, viele Tiere helfen mit
ISBN 978-3-12-006677-4
Autorin: Elisabeth Nauderer
Illustrationen: Hendrik Kranenberg

Der Vogel zwitschert laut,
wenn er sein Nestlein baut.

Vater

Vogel Verkehr

Viola

Wiese Wolf

Wind Wasser

Dem Wolf im Wald
ist es nie zu kalt.

Wetter

Seite aus: Schreiben lernen Schritt für Schritt, viele Tiere helfen mit
ISBN 978-3-12-006677-4

Autorin: Elisabeth Nauderer
Illustrationen: Hendrik Kranenberg

Klett

## Das kann ich schon!

**1.** Schreibe die Wörter in Schreibschrift.

| Puppe | Geige | Stern | Jaguar |
|---|---|---|---|
| | | | |

| Apfel | Bagger | Vampir | Nase |
|---|---|---|---|
| | | | |

**2.** Schreibe das passende Wort in Schreibschrift.

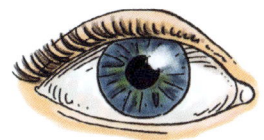   

| | | | |
|---|---|---|---|
| | | | |

**3.** Schreibe die Sätze in Schreibschrift auf.

Marie    hat    ein    Kuscheltier.

Ihr    Kuscheltier    ist    ein    kleines    Schaf.

Das    Schaf    nennt    sie    August.

© Ernst Klett Verlag GmbH, Stuttgart 2012 | www.klett.de | Alle Rechte vorbehalten
**Seite aus:** Schreiben lernen Schritt für Schritt, viele Tiere helfen mit
ISBN 978-3-12-006677-4

**Autorin:** Elisabeth Nauderer
**Illustrationen:** Hendrik Kranenberg

Löwe aus Afrika,
komm uns nicht zu nah!

La
Löwe
Leute

Zeig ein Zebra,
kleine Petra!

Zebra
Zahn
Zucker
Zimmer

**Autorin:** Elisabeth Nauderer
**Illustrationen:** Hendrik Kranenberg

67

1 + 1 sind zwei,
ihr Enten kommt herbei!

| z | z |
|---|---|

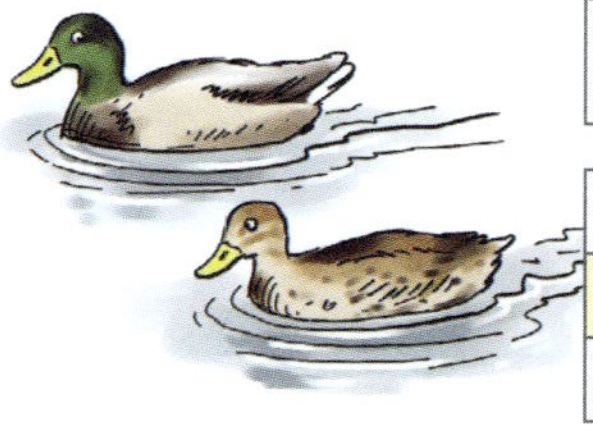

z

z zu

zu zwei

Salz rz schwarz

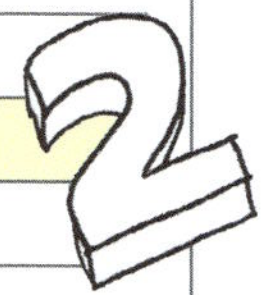

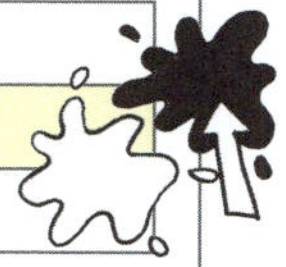

| tz | tz |
|---|---|

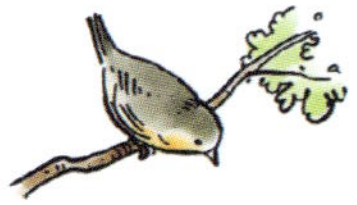

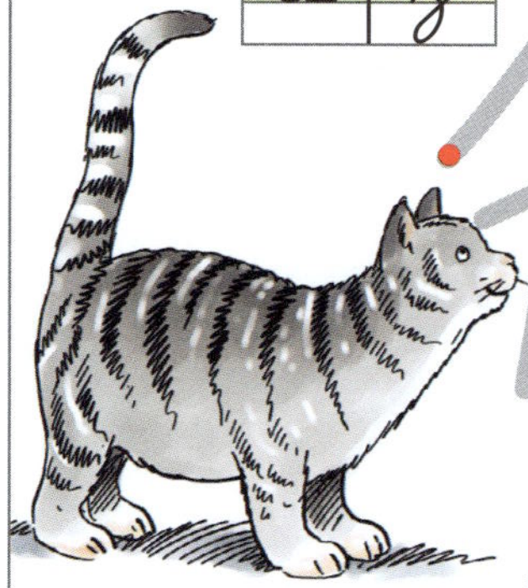

tz

Satz Katze

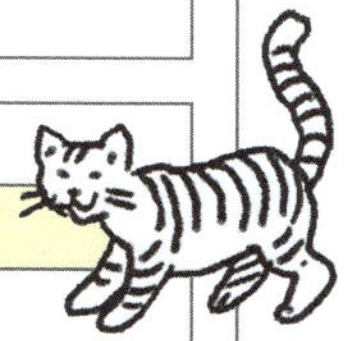

Sp . . . T . . .

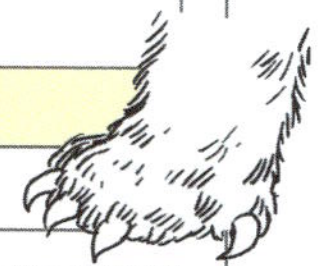

Vorsicht kleiner Spatz,
es schleicht sich an die Katz!

sitzen sitzt


**Seite aus:** Schreiben lernen Schritt für Schritt, viele Tiere helfen mit
ISBN 978-3-12-006677-4
**Autorin:** Elisabeth Nauderer
**Illustrationen:** Hendrik Kranenberg

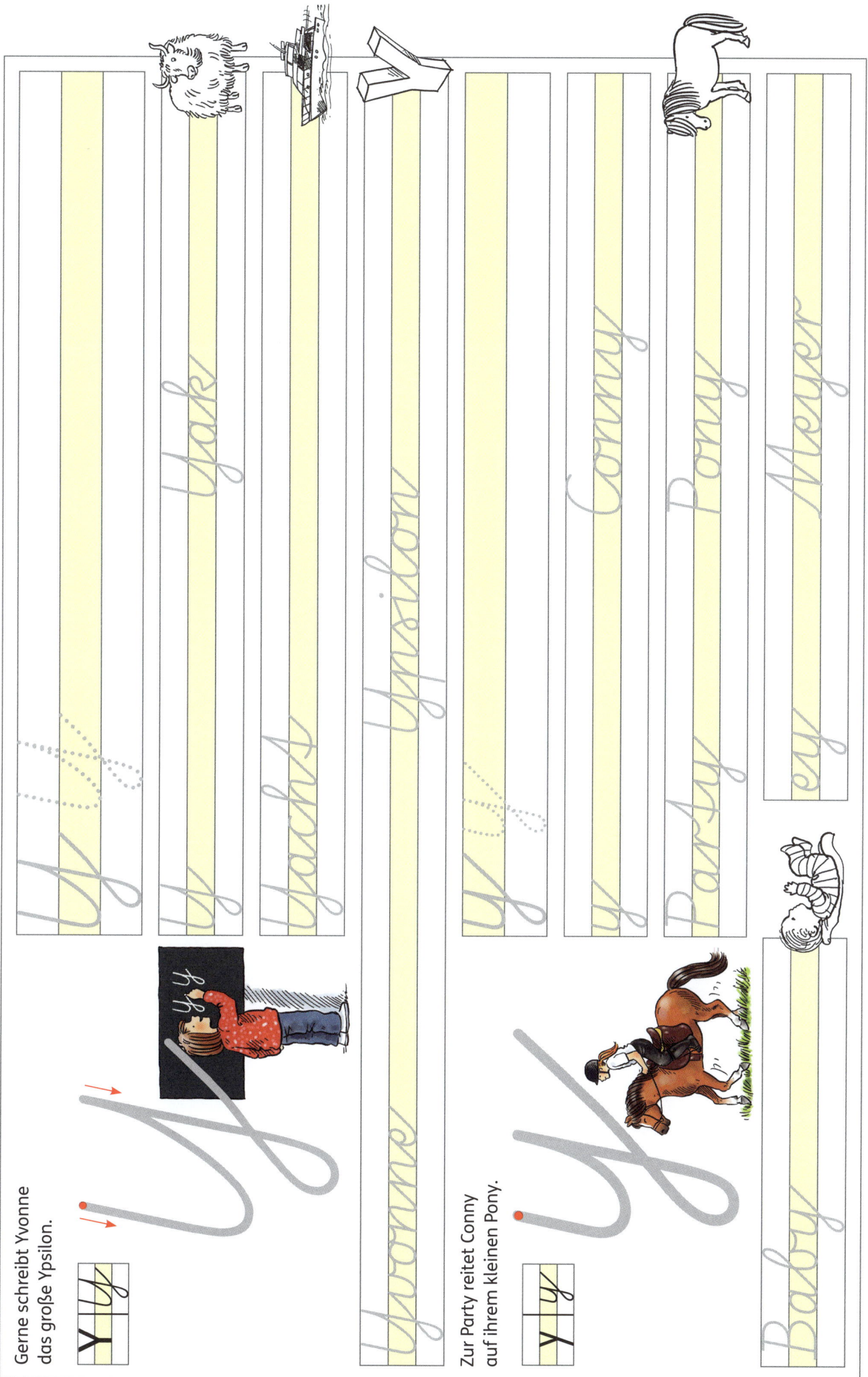

Gerne schreibt Yvonne
das große Ypsilon.

Zur Party reitet Conny
auf ihrem kleinen Pony.

**Seite aus:** Schreiben lernen Schritt für Schritt, viele Tiere helfen mit
ISBN 978-3-12-006677-4

**Autorin:** Elisabeth Nauderer
**Illustrationen:** Hendrik Kranenberg

Qu

Die Qualle lebt im Meer,
beim Baden meiden wir sie sehr.

qu

Das Fröschlein hört man quaken.
Es freut sich auf die Schnaken.

**Autorin:** Elisabeth Nauderer
**Illustrationen:** Hendrik Kranenberg

ß

Fuß

Füße

weiß

größer

heißen

Gruß

groß

heiß

Ich heiße

Der Wanderer zu Fuß schickt uns einen Gruß.

Autorin: Elisabeth Nauderer
Illustrationen: Hendrik Kranenberg

Sein Name ist Xaver,
er frisst gerne Hafer.

Die Hexe auf dem Besen lacht:
Ich reite zur Walpurgisnacht.

Xi Xa Xaver

Xaver aus Xanten

Xi Max Hexe

Lexikon

Maxen

Autorin: Elisabeth Nauderer
Illustrationen: Hendrik Kranenberg

| Name: | Datum: | Nr. 4 |
| --- | --- | --- |

## Das kann ich schon!

**1.** Schreibe das passende Wort in Schreibschrift.

| | | | |
| --- | --- | --- | --- |
| | | | |
| | | | |

**2.** Schreibe die Geschichte in Schreibschrift auf.

Eugen spielt mit Fritz und Yvonne.

Sie spielen zusammen Fußball.

Als Xaver mit seiner Hündin Hexe kommt,

ist das Spiel vorbei,

denn Hexe jagt dem Ball hinterher.

Die Kinder können den Ball

nicht mehr erwischen.

**Autorin:** Elisabeth Nauderer
**Illustrationen:** Hendrik Kranenberg

 Klett

Hin und her,
das ist nicht schwer.

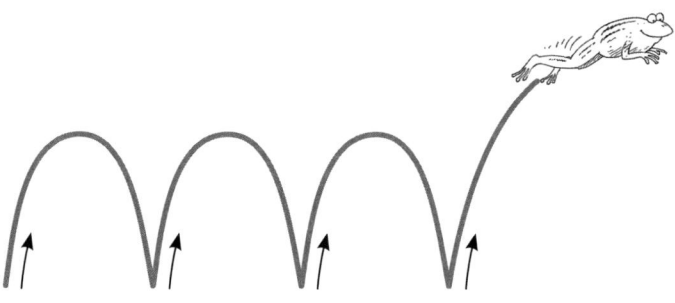

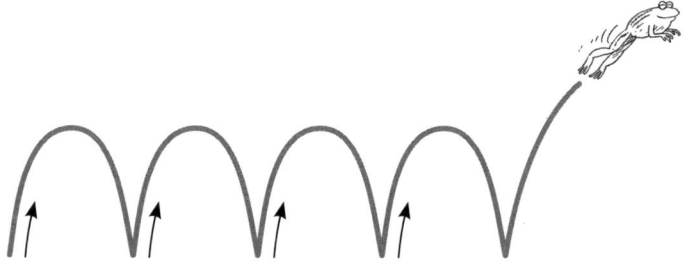

Eins, zwei, drei,
hier entsteht ein Osterei!

u u u

u

u u u

u u

u u u

ü ü

i

u i

m

m

n

im

im

um

num

mit

nimmm

mit nt

O O

O

Omi

Otti

o

Otto

Omi mit Otti

Omo

Uno

a  ä

am

an

man

au

Oma am

äu

miau

Uta

9

d

du

das

dann

und

Cc

Co

Coco

Cora

Cornic

*e*

*ee*

*den*

*denn*

*denn*

*Cent*

*ie*

*die*

*nie*

E

Ente

Ende

Emu

Eu eu

neu

neun

Ei ei

ein Ei

mein

meine

dein

deine

nein

meine Ente

deine Enten

*lll*

*l*

*alle*

*Eule*

*alt*

*laut*

*malen*

*Uli malt*

*Ulla*

*ele    mele    mule*

bbb

b

bin

bunt

bei

ob

lieb

leben

bl      bleiben

baden

$\mathcal{T}$

$\mathcal{T}aube$

$\mathcal{T}ante$

$\mathcal{T}ee$

$\mathcal{F}$

$\mathcal{F}ilm$

$\mathcal{F}ee$

$\mathcal{F}eld$

$\mathcal{F}amilie$

H

Hund → Hunde

Hand → Hände

Hemd → Hemden

D

Dino

Dom

*uvur*

*v*

*viel*

*vom*

*voll*

*w*

*wie*

*we*     *weil*

*wann*

*Evi will viel*

lll

f

ff

elf

auf

fünf

fein

fallen

Elfi fällt.

laufen

Ulf läuft.

*uuuü*

*h*

*hin*

*ihn*

*hell*

*heute*

*haben*

*halten*

*helfen*

ch

ich

mich

dich

euch

doch

nach

machen

ich mache

R / R

k

klein

kalt

kommen

kaufen

können

ich kann

denken

dunkel

danke

ck

cke

Ecke

Decke

Hecke

Dackel

backen

K

Kuh ⟶ Kühe

Kind

Kleid

Kälte

R

Rock ⟶ Röcke

Rücken

J

J

aus

als

bis

das

eins

Haus

Hals

das Eis

ſſſ

ſo

ſollen

ſind

ſein

ſehen

ſie ſicht

eſſen

ſie iſst

Haſe

sch

schon

schnell

schauen

schlafen

scheinen

Fisch

chs

sechs

Fuchs

rrr

r

rot

rollen

rufen

reich

Uhr

Herr

Tier

braun

Euro

pf

Opa

Raupe

pf

pfui

Kopf

sp

spielen

sparen

S

Sohn

Sonne

Saft → Säfte

Seife

Sch

Schuh → Schuhe

Schnee

Schere

St

Stift

Stunde

Sträucher

st

still

stellen

Sp

Spinne

Stefan beim Sport

P

Puppe

Papier

Pommes

Pf

Pferd

B

Ball ⟶ Bälle

Blatt ⟶ Blätter

Ch C Ch

China

Chor

Christbaum

Computer

JJJ

j

ja

jeder

G

Garten

Geld → Gelder

Gras → Gräser

g

gehen

er geht

gelb

grün

J

Igel

Ich male einen

J

Juni

Junge

Januar

jedes Jahr

A

Au

Auto

Affe

Apfel → Äpfel

Ast → Äste

Ampel

Autos an der Ampel

*M*

*Mutter*

*Minute*

*Maus → Mäuse*

*Mann → Männer*

*Mund → Münder*

*Monat*

N

N

Nil

Name

mein Name:

Nase

Nacht → Nächte

Nebel

November

V

Vogel

Vater

Verkehr

W

Weg

Wiese

Wasser

Wort

*L*

*Licht*

*Leute*

*Löwe*

*Z*

*Zehe*

*Zebra*

*Zahn* → *Zähne*

*Zucker*

ZUCKER

Z

zur

zeigen

Pizza

Zita zeigt zur Pizza

z

Katze

Platz

Katze sitzt am Platz

YYYY

Yy

Ypsilon

Yvonne

Yak

Y

Baby

Teddy

Pony

42

Q

Qu

Qualle

Quelle

Quadrat

qu

quaken

Quallen quaken nicht

ß

ße

Fuß ⟶ Füße

groß ⟶ größer

weiß

heiß

heißen

Ich heiße.

X

Xi Xa Xaver

Xylofon

x

xe

Hexe

Taxi

Lexikon

45

eins

zwei

drei

vier

fünf

sechs

sieben

acht

neun

zehn

elf

zwölf

Ein Jahr hat zwölf Monate

Januar

Februar

März

April

Mai

Juni

Juli

August

September

Oktober

November

Dezember

# Die Woche

Ordne und übe.

Sonntag

Donnerstag

Samstag

Mittwoch

Montag

Freitag

Dienstag